Gespräche

am

Wurmloch

Theaterstück
in einem Akt

von

Hanns Diethelm Blunck

ISBN 3-89811-133-4

Personen

1) Karl Liebschütz, ca. 40 Jahre alt,
   intellektueller Zweifler

2) Wilfried Eben, ca. 30 Jahre alt,
   reicher Erbe

3) Bettina Langen, ca. 23 Jahre alt,
   Punkerin

4) Tilmann Sander und Miriam Sander, beide
   ca. 28 Jahre alt, ein Liebespaar

5) Erwin Müller, 45 Jahre alt, ein Beamter

6) Bernhard Mennerich, vor kurzem geboren,
   ein kindlicher Greis (aus dem Land der
   Sassafrarier, die alt geboren werden
   und sterben, wenn sie Säuglinge
   geworden sind)

7) Petra Hellberg, 20 Jahre alt,
   ein Modepüppchen

8) Christiane B., Frau des Autors

9) Saaldiener

10) Saaldiener

ANFANG:

Eine Parklandschaft mit großer Weite, zur

rechten Bühnenseite befindet sich ein Teich,

teilweise von Büschen und Bäumen umstanden.

In der Bühnenmitte stehen 2 Parkbänke und

ein Tisch. An der linken Seite befindet sich ein

Torbogen, durch den alle auftretenden Personen

auf die Bühne kommen. So auch Karl Liebschütz.

Auftritt Karl Liebschütz. Er trägt einen mit Farbe

vollgeklecksten Kittel, der ursprünglich wohl mal

weiß war, darunter beliebige Straßenkleidung. Er

ist ca. 40 Jahre alt, ein wenig vorgealtert aussehend.

Liebschütz tritt durch den Torbogen sehr sicher ein,

durchschreitet den Park mit großen Schritten, blickt

alles an, als habe er schon immer hier gewohnt und

als wolle er sich - nach längerer Abwesenheit - vom

ordnungsgemäßen Zustand „seines" Parkes überzeugen.

Er verwendet einige Zeit auf dieses Abschreiten und

Beäugen, ohne daß er auch nur ein Wort sagt.

*Auftritt **Liebschütz**..*

Liebschütz:

Ja, ich muß schon sagen: Er ist sehr gelungen.

Alles ist sehr gut, genau, wie es meinen Vorstellungen

entspricht. Es hätte gar nicht besser sein können.

- stemmt die Hände in die Hüften und blickt auf

den Park, als sei er seine Schöpfung -

Liebschütz:

Genauso wird mein Leben nun aussehen: ein denkerisches
Leben ohne Not und Leid. Keinen Herrn über und keinen
Sklaven unter mir: Ich bin ganz und gar auf mich gestellt,
keinem zugeordnet und frei von der Notwendigkeit, mein
Geld zu verdienen. Was war dieser Frondienst in Raum und
Zeit für eine Plackerei ... .

*Auftritt **Willfried Eben**.*
Er ist ein auffallend modisch und teuer gekleideter Mann
von 30 Jahren. Eben blickt sich erstaunt um, als habe er
sich auf unbekanntem Terrain verlaufen.
***Liebschütz** ist äußerst erstaunt, einen Menschen anzutreffen.*

Eben:

Nanu, wo bin ich? Dieser Teil meines Parks ist mir sehr
unvertraut. Kann es sein, daß ich hier noch niemals vorher
spazierengegangen bin ... ?

Liebschütz:

Verzeihen Sie, mein Herr! Wenn Sie meinen, sich in Ihrem
Park zu befinden, so irren Sie sich sehr. Keinesfalls kann von
diesem Park als von Ihrem Park gesprochen werden; eher
schon ist es mein Park, aber auch das wäre nicht ganz korrekt;
denn solche Kategorien, wie sie in Possessivpronomen
bezeichnet werden, gibt es hier mitnichten. Hier gehört
niemandem irgendetwas ... .

Eben:

Was reden Sie denn so gestelzt? Ihre Rede entbehrt jeglichen Sinns. Gerade eben bin ich noch in meinem Park herumgelaufen und stieß dabei auf diesen Teil des Geländes, den ich bisher offensichtlich noch nicht entdeckt hatte.

Liebschütz:

Es ist wahr, daß Sie diese Landschaft noch nie vorher gesehen haben. Sie ist nämlich erst vor kurzem sozusagen in das Leben getreten. Was Sie hier vor sich sehen, ist sozusagen meiner Vorstellung entsprungen. Diese ganze Welt hier (*er zeigt kreisförmig herum*) ist meine Vorstellung, und sie ist sehr gut. Hier werde ich die Ewigkeit verbringen.

Eben:

Ihre Rede wirkt reichlich konfus. Offensichtlich hat sich Ihr Geist ein wenig verwirrt.

Liebschütz:

Sie unterliegen einem Irrtum, wenn Sie glauben, in mir einen Irren vor sich zu haben. Aber ich muß offenbar weiter ausholen, damit Sie verstehen ... (*Er überlegt sichtlich eine Weile.*) ... also: Es fängt damit an, daß ich mich für Wurmlöcher interessierte ....

Eben (*unterbricht ihn unwirsch*):

Muß ich mir solchen Unsinn anhören ... ?

Liebschütz:

Ich rede im allgemeinen keinen Unsinn und in diesem besonderen
Fall schon gar nicht. Lassen Sie mich doch ausreden ... also:
Es fängt damit an, daß ich mich für Wurmlöcher interessierte.
Natürlich spreche ich jetzt nicht von solchen Löchern, wie Würmer
sie in Äpfel und dergleichen fressen, sondern von dem Begriff
aus dem Bereich der Physik. Sehen Sie, ich verstehe nicht viel von
Physik, aber zumindest doch soviel, daß Wurmlöcher so etwas
wie Mini Weiße oder Mini Schwarze Löcher sind. Mit meinen
Worten gesagt, sind Wurmlöcher Eintrittstore in eine andere
Realität. Sie selbst haben gerade eben so ein Tor passiert und
sind jetzt hier in dieser real wirkenden Landschaft gelandet.
Real wirkend heißt, daß die Materie hier sehr viel leichter ist,
als dort, in unserer alten Welt. Sie ist geschaffen worden und
wird erhalten durch Bewußtseinsakte. Ich will nicht unbescheiden
sein, aber dieser Park hier ist meiner Vorstellung entsprungen ... .

Eben:

Sie reden ja, als seien Sie Gott. Was fällt Ihnen ein,
Sie irrer Mensch?

Liebschütz:

Sie mögen mir glauben oder auch nicht. Versuchen Sie doch einfach selbst
zu verifizieren, was ich gesagt habe. Sie können zum Beispiel- *er zeigt
die Richtung an* - hier links am Teich vorbeigehen, immer geradeaus. Sie
werden dann in einen Bereich kommen, in dem einfach nichts ist.

Eben:

Was heißt: Wo nichts ist ?

Liebschütz:

Nichts heißt nichts. Wenn Sie Ihre Augen darauf richten,
sehen Sie nichts, ist es als ob sie blind wären.

Eben:

Wenn das alles so stimmt, wie Sie es mir erzählen, warum
ist dann diese Welt hier nur nach Ihren Vorstellungen
geformt und nicht etwa auch nach meinen.

Liebschütz:

Dazu kann ich nur sagen, daß durch mein Leiden in der anderen
Welt all dieses einfach entstehen mußte. Wissen Sie, ich habe das
irdische Leben durch und durch als Frondienst empfunden.

Eben:

Ich verstehe Sie. Es ist zwar nicht so, daß ich dort drüben viel
Not in materieller Hinsicht leiden mußte - im Gegenteil, ich
bin durch eine Erbschaft unermeßlich reich - , aber dennoch
verstehe ich Sie. Auch ich habe keinen guten Gedanken an die
irdische Existenz. ... aber jetzt rede ich selbst schon so, als wollte
ich Ihnen glauben. Dabei kommt es mir nach wie vor sehr
bizarr vor, was Sie sagen ... .

Liebschütz:

Sie werden es merken, daß sich etwas verändert hat, weil die
Notdürfte aufhören werden ... .

Eben:

Wie bitte ?

Liebschütz:

Ja, Sie haben richtig gehört. Die Notdürfte werden aufhören. Wissen
Sie, in dieser Welt gibt es keine Zeit, alle Dinge sind leichter und
unvergänglich, weil die lineare Zeit, wie wir sie gekannt haben,
aufgehört hat zu existieren. Wir merken es u. a. daran, daß wir nicht
mehr weiter altern werden, wir werden praktisch in dem jetzt erreichten
Lebensalter eingefroren. Ich bin jetzt kapp über 40 Jahre alt und werde
auch in 100 Jahren ebenso alt sein. Aber was noch besser ist, unsere
Notdürfte - wie ich schon sagte - haben aufgehört: Kein Hunger mehr,
keinen Durst, keine Libido. Wir existieren quasi körperfrei nur als Geist,
alle Irritationen des Leibes hören auf. Wunderbar! Wie sehr ich mich
danach gesehnt hatte all die Jahre ... .

Eben:

Das kann aber verdammt langweilig werden ... !

Liebschütz:

Es steht Ihnen frei, sich erneut auf eine körperliche Existenz
einzulassen. Sie brauchen nur die Passage andersherum zu
absolvieren. Zur leichteren Orientierung ist das Wurmloch
(*Er zeigt auf den Torbogen* .)   hier in Gestalt eines Torbogens
symbolisiert. Dies ist sozusagen das Eintrittstor in eine
andere Existenzform.

Eben:

Gelange ich durch dieses Tor denn wieder in meinen Garten
zurück ?

Liebschütz:

Das ist äußerst ungewiß. Sehen Sie, wenn Sie in dieses Tor
erneut eintreten, dann ist nur sicher, daß Sie diese kleine Welt
hier verlassen, in welcher Zeit und in welchem Raum Sie landen
werden, ist gänzlich unsicher. Das ist wie ein Lotteriespiel. Seien
Sie frei, seien Sie mutig, machen Sie ein neues Spiel ... .

Eben:

Ich bin ja auch hier nicht freiwillig. Wer weiß, was ich
wiederbekomme, dann bleibe ich lieber hier. Der Ausstieg
ist ja jederzeit möglich. Überhaupt denke ich, ein Leben
in dieser kleinen Parklandschaft kann ganz kommod sein.
Ich hatte zwar auch vorher ein finanziell sorgenfreies
Leben und mußte nie für andere Menschen arbeiten, weil
ich eben sehr früh schon sehr reich und unabhängig war,
aber wer reich ist , lebt auch immer in Angst, bestohlen,
betrogen oder entführt zu werden. Wissen Sie, es gibt
soviele Neider und Mißgünstige in der dortigen Welt ... .

Liebschütz:

Sehen Sie, Sie fangen an, die Vorteile meines Parks zu erkennen.
Ich gebe zu, daß ich jetzt doch ein wenig erleichtert hin, die
Ewigkeit nicht alleine verbringen zu müssen. Sicherlich werden
wir uns interessante Gesprächspartner sein ... .

Eben:

Ich bin mir nicht sicher, ob ich für Sie ein interessanter Gesprächspartner hin. In der Welt habe ich mich nur mit materiellen Dingen
abgegeben. Ich habe gerne und genußvoll gegessen und getrunken,
ich war von vielen schönen Dingen umgeben, von einer immensen
Sammelleidenschaft beherrscht, aber ich hatte eigentlich nie Zeit,
mich mit geistigen Dingen zu beschäftigen. Hier fehlt zunächst
alles, was mir bisher etwas bedeutete, aber seltsamerweise spüre
ich keine Trauer, sondern eher Erleichterung. Ich erinnere mich
daran, einmal von einem Professor und Büchernarren gelesen
zu haben, der während der Dresdener Bombennacht alle seine
nach zehntausenden zählenden Bücher, an denen er mit all seinem
Herzen hing, verlor und der danach nicht verzweifelte und
Selbstmord beging, sondern im Gegenteil zutiefst erleichtert war.
So ähnlich geht es mir: Ich habe zwar den bisherigen Mittelpunkt
meines Lebens, die Materie, verloren, aber ich fühle mich einfach
unendlich gut.

Liebschütz:

Sie ahnen gar nicht, wie glücklich und zufrieden Sie mich machen
mit so einer Aussage. Kommen Sie, lassen Sie sich umarmen ... .

- Er tritt überschwenglich auf Eben zu und sie umarmen sich
innig.

Eben:

Ich denke, wir können Freunde sein. Darf ich Ihnen das „Du"
anbieten, auch wenn ich offensichtlich der Jüngere bin, aber
hier scheint Zeit ja nicht zu existieren.

Liebschütz:

Gerne, lieber Freund, ich heiße Karl!

Eben:

Und ich Wilfried ....

- Sie umarmen sich erneut sehr herzlich. -

Liebschütz:

Ich will Dir auch die Zuversicht geben, an dieser unseren (*sehr
betont*) gemeinsamen Welt demnächst aktiv mitgestalten zu können.
Ich betone `können', denn daß Du es kannst, ist für mich
ausgemacht. Allerdings war Dein Leiden an jener Welt wohl nicht
so groß wie meines. Und Leid ist die Kraft, die Kreationsfähigkeit
hervorbringt, nicht die schnöde Lust oder die öde Freude. Die
Letztgenannten sind illusionär, sie gaukeln uns Wohlbehagen und
Sicherheit vor,wo beide nicht sind. Nein, durch Leid, obwohl es
uns manchmal fast erstickt, werden wir groß und wächst diese
Welt. Und wie unsäglich habe ich an der bundesrepublikanischen
Wirklichkeit der 80 er und 90 er Jahre gelitten, an dieser furchtbaren ,
bedrückenden Mittelmäßigkeit, die nur den miesen Charakteren
dient, an dieser mit Händen zu greifenden sozialen Kälte, eine
Situation kurz vor dem Bürgerkrieg, so gespannt und flirrend.
Und dann diese Fronarbeit für ständig wechselnde Herren. Leider
war ich nicht mit Reichtum gesegnet, so daß ich mich der
Notwendigkeit des Broterwerbs hätte entziehen können. Aber
was sage ich „leider", im Nachhinein ist es gut, denn sonst wäre
diese Welt hier nicht in meiner Seele gewachsen.

So aber wurde das Grauen und das Leid an der furchtbaren
Gegenwart für mich zu einer Chance. Wie Du siehst, ist es hier
auszuhalten. Das Wetter ist beständig, Temperatur bei 20 ° C, es
wird nie dunkel, es fällt kein Regen, ständiges Gleichmaß ... . Das
mag für andere, gerade für solche, die drüben gut zurechtgekommen
sind, sehr langweilig sein. Aber erlaube mir zu sagen, ich setze ganz
bewußt auf den Faktor „Langeweile", ich vertraue darauf, in ihr eine
gewisse Behaglichkeit zu finden.

Eben:

Du wirkst so gut vorbereitet auf diese Welt hier. Wie kann das sein?
Immerhin dürfte die statistische Wahrscheinlichkeit, in so ein
Wurmloch zu stolpern, doch nicht gerade groß sein ... .

Liebschütz:

In der Tat habe ich mich vorbereitet. Es ist aber ein Geheimnis,
über das ich nicht sprechen will. Nur soviel: Neben dem rein
physikalischen Zugang, über den Du zu mir vorgedrungen bist,
gibt es noch einen meditativen Zugangsweg. Diesen letztgenannten
bin ich gegangen. Ich will Dir aber jetzt nichts darüber sagen. Es
würde Dir sowieso nichts bringen, denn die Hauptsache ist, daß
Du hier bist. Nur das soll zählen.

Auftritt Bettina Langen. *Sie hat bunte Haare wie eine Punkerin,
Fliegerstiefel, ansonsten ist sie völlig unbekleidet. Sie hat einen
Walkman in den Händen, Kopfhörer auf dem Kopf. Hört laute
Punkmusik, kaut Kaugummi, bewegt sich zur Musik, hält plötzlich
inne, als sie **Liebschütz und Eben** wahrnimmt. Eben und Liebschütz
sehen sie völlig konsterniert an. Alle laufen umeinander herum,
begucken sich von allen Seiten. Dies nimmt eine Weile in Anspruch;
offenbar hat es allen die Sprache verschlagen. Schließlich ...*

Bettina:

... is ja echt cool, man. Was seid denn ihr für Knacker. Was glotzt ihr
denn so. Wohl noch nie 'n nacktes Weib gesehen, wa' ... !

Liebschütz:

Ehrlich gesagt, ja !

Bettina:

Wie meinst' denn das ?

Liebschütz:

Sie fragten, ob ich noch nie eine nackte Frau gesehen habe und ich
habe geantwortet, daß ich - ehrlich gesagt - noch nie eine gesehen
habe, jedenfalls keine lebende. Auf Fotos oder im Fernsehen schon,
aber nicht im wirklichen Leben.

Bettina:

Du willst mich wohl echt verarschen. Solche wie ich laufen doch
überall auf allen Straßen herum ... .

Eben, Liebschütz (*gleichzeitig*):

... auf allen Straßen herum ... ?

Liebschütz:

> Verzeihen Sie, in allen meinen bereits über 40 Lebensjahren ist
> mir eine solche Begegnung noch nicht untergekommen. Zwar
> weiß ich von Stätten, wo FKK betrieben wird, doch da war ich
> nie, nicht mal in der Nähe. Dafür bin ich viel zu genant, das ist
> kein Ort für mich.

Bettina:

> ... aber die Weiber, mit denen Du gebummst hast, mußt Du
> doch nackt gesehen haben ... .

Liebschütz:

> Davon wollte ich eigentlich nicht mit Ihnen reden, ... (*überlegt*)
> ... aber gut, wenn wir schon bei diesem Thema sind: Bis auf ein
> einziges Mal habe ich nie einen sexuellen Kontakt mit einer Frau
> gehabt. Und dies eine Mal fand in völliger Dunkelheit statt, so daß
> meine Aussage, nie eine nackt Frau gesehen zu haben, stimmt.

Bettina:

> Sag mal, wie weltfremd biste denn. Jetzt in dieser Zeit sind doch
> fast alle nackt.

Eben:

> Moment, nur zur Klärung, damit wir wissen, von welcher Zeit wir
> sprechen. Woher kommen Sie, ich meine, aus welchem Jahr ... ?

Bettina:

Sagt mal, habt ihr beide 'n Rad ab ... ? Aus welcher Zeit ich
komme? Soll das 'n Witz sein? Ich komme natürlich, wie wir
alle hier, aus dem Jahr Zwonullnulleins.

Eben:

Sehen Sie, da liegt ja schon der Grund für unser Mißverständnis.
Ich nehme an, Zwonullnulleins steht für das Jahr 2001 nach Christus,
richtig?

Bettina:

Wenn Du dies so sagen willst: ja, klar!

Eben:

Sehen Sie, sehen Sie. Wir beide hier kommen aus dem Jahr 1995 ... .

Bettina:

Was redste denn für'n Spinnkram. Wir könn' doch nicht hier
zusammensteh'n und aus unterschiedlichen Jahren kommen ... .

Liebschütz:

Doch, das ist ja das Besondere an diesem Park, daß hier Raum und
Zeit aufgehört haben. Sie befinden sich hier in der Ewigkeit, anfanglos
und endlos ... .

Bettina:

Ich raff es nicht, Du erzählst wohl ein' vom Pferd. Was is`n das
für'n Schmarrn ... ?

Liebschütz:

Sie mögen es glauben oder nicht, aber so verhält es sich. Aber ich
muß Sie noch was fragen: Aus welchem Land kommen Sie ... ?

Bettina(*sehr gestelzt*):

Ich bin Europäerin deutscher Nation, o. k. ?

Liebschütz:

Ist es also doch dazu gekommen ... ?

Bettina:

Was meinste ?

Liebschütz:

Ist Europa doch vereinigt worden. Um Gottes Willen ! Wie sehr hatte
ich gehofft, daß mir, daß uns allen wenigstens das erspart bleibt.
Dieser verheerende Siegeszug des Kapitals, es ist ein Graus ...
(*Er schlägt die Hände über den Kopf und schluchzt.*).

Bettina:

Was haste denn ? Wußtest Du das echt nicht; haste bisher auf `m
Mond gelebt ... ?

Eben:

Verstehen Sie doch, wir beide sind im Jahre 1995 aus dem irdischen
Leben ausgestiegen ... ?

Bettina:

Wieso, seid Ihr tot oder Zombies ? Was ist denn hier los ... ?

Liebschütz (*faßt sich wieder*):

Sagen Sie, warum sind Sie nackt ? Es ist doch nicht üblich, hier
draußen, womöglich noch auf der Straße, nackt herumzulaufen.

Bettina:

Wieso, bei uns laufen'se jetzt im Sommer alle nackt `rum. Wollte
das Feminat doch so ... .

Liebschütz:

Was ist denn - um Gottes willen - das Feminat ?

Bettina:

Mann, muß ich Dir denn noch das Einmaleins erklären. Das
Feminat ist diese Behörde, die dafür sorgt, daß wir Frauen
gesellschaftlich überall Geltung bekommen ... .

Liebschütz:

... indem ihr nackt herumlauft ?

Bettina:

Quatsch! Das Nacktgebot ist nur erlassen worden, damit wir Frauen entmystifiziert werden. Damit ihr Männer nicht 'son Affentheater um unsere Titten (*nimmt ihre Brüste in die Hände*) und unser'n Arsch und so weiter macht. Dadurch, daß wir jetzt alle so 'rumlaufen, ist das Geheimnisvolle 'raus, verstehste !

Liebschütz (*wie für sich selbst*):

Dabei hab' ich solche Sehnsucht gehabt, mal eine Frau so zu sehen wie sie. Welch ein schöner Anblick und so verschenkt an jeden Narren ... .

Bettina:

Ihr seid mir schon solche Romantiker. Was ist denn schon dran an so'nem Körper, sehen doch alle gleich aus.

Liebschütz:

Ich finde Sie schön ... !

Bettina:

Nu` mal halblang mit Deinem Gesülze. Wir wollen hier doch keine Romantikshow abziehen, oder !

Liebschütz:

Es ist nur so, daß ich mich Zeit meines Lebens nach einer Frau gesehnt habe; ich habe aber nie gewußt, wie man eine Beziehung anfängt. Ich hatte ja auch nie Zeit: entweder mußte ich meinem öden Broterwerb nachgehen oder ich nutzte die verbleibende, total knappe Zeit zum Lesen und Nachdenken. Da kann man gar nicht ehefähig sein. Vielleicht hätte es mir das Leben erträglicher gemacht, wenn ich eine Frau gefunden hätte, vielleicht hätte es mich auch völlig korrumpiert, ich weiß es nicht ... .

Bettina:

Was meinste denn mit korrumpiert ... ?

Liebschütz:

Ich merk ja sogar jetzt, obwohl die körperlichen Empfindungen im Prinzip aufgehört haben, daß mich Ihr Anblick auf - und aufwühlt. Wenn Sie beständig in meiner Nähe blieben, dann wäre es mit meiner Ruhe vorbei ! Dabei war ich ich mir so sicher, daß ich alles Irdische geprüft und für zu leicht befunden habe, daß es keine Macht mehr über mich hat ... .

Bettina:

Was heißt denn Irdisches geprüft. Wo sind wir denn hier ?

Liebschütz:

Also, ich will es Ihnen gern erklären, wie es sich mit diesem Park verhält. Am besten wird es Ihnen klar, wenn Sie mit mir ein Stückchen gehn, quasi bis zum Ende unserer kleinen Welt, wo das Unbestimmte, Ungeformte beginnt.

- Er nimmt sie und sie gehen am Teich vorbei, bis sie nicht mehr zu sehen sind. -
- Eben setzt sich auf die Bank und schließt - aus alter Gewohnheit, nicht weil er müde ist - die Augen. -

*- **Auftritt Miriam und Tilmann Sander**.*
Sie kommen durch den Torbogen herein. Zwischendurch liebkosen sie sich sanft, teilweise heftig. Es ist so, als ob die Welt um sie herum für sie nicht existiert, sie sind ganz autistisch sich selbst hingegeben. Beide sind hippiemäßig bunt gekleidet. -

Miriam:

Sieh mal, wo wir sind. Das kenn' ich gar nicht. Ist ja ganz idyllisch hier, oder ?

Tilmann:

Überall, wo Du bist, ist es idyllisch. Das Drumherum interessiert mich nicht.

Miriam:

Das hast Du schön gesagt, mein Liebster. Ähnlich empfinde auch ich.
Für mein Glück bist Du so wichtig. Komm', wir setzen uns da drüben
auf die Bank. Der Mann da schläft ja wohl ... .

- Sie schlendern zur Bank, wobei sie sich wiederholt liebkosen
und küssen. -

Miriam:

Hier kann man's ja wirklich aushalten. Ich hab' gar nicht mitgekriegt,
wie wir überhaupt hierher gelangt sind. Du ?

Tilmann:

Ich habe sowieso nur Augen für Dich. Stell' Dir mal vor, wir könnten
für immer hier draußen bleiben in der Natur und kein Unwetter, kein
Regen und keine Kälte würden uns nerven. Heute ist es aber wirklich
friedlich, kein Rumgenerve mit irgendwelchen Spießern ... . Der
da (*zeigt auf Eben*) sieht ja auch eher sympathisch aus. Komisch,
daß der Park bei son'nem Wetter so leer ist.

Miriam:

Ist doch gut, Til, dann können wir uns ganz frei bewegen -
(*hält kurz inne*) Guck' mal, da ist sogar ein kleiner Teich.
Ach, komm', laß uns da hingehn.

Tilmann:

Ja, Klasse, das is' ja richtig cool.

- Sie schlendern zum Teich und setzen sich dort auf den Boden. -

Miriam :

Ist ja wirklich komisch, daß wir diese lauschige Ecke noch nie vorher entdeckt haben. Dabei sind wir doch schon sooft dort entlang gegangen.

- Inzwischen kehren Liebschütz und Bettina langsam, im Gespräch vertieft, zurück.

*- **Tilmann** und **Miriam** blicken voller Staunen auf die nackte Bettina, tuscheln miteinander.*

Bettina:

Es ist ja toll, worüber Du Dir alles so Gedanken gemacht hast, echt cool. Bist ja echt 'n produktiver Typ.

Liebschütz:

Ich war nie produktiv. Zugegeben, ich habe in meiner Jugend einige Gedichte geschrieben ... . Ach, dieses romantische Gesülze ... ... Aber ein Grundzug meines Lebens ist, daß von mir nichts bleiben sollte. Die einzige sichere Bestimmung schien mir der Tod zu sein. Allein schon der Gedanke, überhaupt gewesen zu sein, als leibliche Existenz, quält mich unsäglich, verursacht mir Ekel und Überdruß. Daß ein zukünftiger Spurensucher womöglich Zeugnisse meines Lebens, Beweise dafür, daß es mich einmal gegeben hat, auffinden könnte, bringt mich fast um den Verstand. Ich will nicht, daß dort jemand von mir weiß, am liebsten auch kein Zeitgenosse, aber auf jeden Fall kein Nachgeborener. Ich selbst habe alles getan, um die Spur meines Daseins zu verwischen. Eigentlich wollte ich immer unsichtbar sein oder besser noch: nicht sein; alles andere verletzt mein Bedürfnis nach Scham ... .

*- **Liebschütz** ` Blick fällt auf die Sanders.*

Liebschütz:

Ach, sieh an, wir haben weiteren Besuch bekommen. Aus welcher Zeit,
wenn ich fragen darf, kommt Ihr ?

- *Miriam und Tilmann sehen einander verwundert an.* - ·

Tilmann:

Ich denke, aus der gleichen wie Sie ... .

Liebschütz:

Das würde ich an Ihrer Stelle nicht ohne weiteres behaupten,
ohne es verfizieren zu können ... .

Tilmann (*verständnislos*):

Seltsam ist Ihrer Rede Sinn ... .

Liebschütz:

Ach, lassen wir's ! Es ist mir jetzt lässig, Sie aufzuklären ... willst
Du - äh - wollen Sie, Bettina, es eventuell unternehmen, diese
Leute aufzuklären.

Bettina:

Ja, gern. Wartet, ich komme zu Euch.

- *Sie geht zu den Sanders und hockt sich zu ihnen. Sie reden*
lebhaft miteinander, ohne daß die Zuschauer es hören. -

Liebschütz (*zu sich selbst*):

Es ist seltsam, daß sich meine kleine Insel mit soviel buntem Leben
füllt. Erst mit meinem Eintritt in diese Welt hat sie angefangen zu
existieren, die seit Ewigkeiten nicht war und nun ist sie bereits von
jeder Menge Volk gefüllt. Seltsam, daß ich mich dieser Bettina
so nah fühle, die ich bis vor kurzem noch gar nicht kannte. Dabei
ist sie so ungeschliffen und daß die immerzu nackt sein muß ...
vielleicht sollte ich ihr meinen Kittel anbieten ... dann hat sie
wenigstens einen Fetzen auf der Haut. Es gefällt mir zwar, sie
nachkt zu sehen, aber müssen denn wirklich alle hier ... .

*- Vom Teich her dringt herzhaftes Lachen, offensichtlich
haben die Sanders und Bettina sich angefreundet. Plötzlich
springt **Miriam** auf und läuft - voll bekleidet - ins Wasser.*

Miriam:

Es ist doch herrlich hier. Keine Not mehr, keine Intoleranz, nur
Liebe, Liebe ... .

Tilmann:

Warte, ich komm' gleich nach ... .

*- Sehr schnell entledigt er sich aller Kleidung und springt
ebenfalls ins Wasser.*

Miriam:

Nun laß doch wenigstens die Hose an, wir müssen ja nicht alle
hier nackt herumhüpfen ... .

Tilmann:

Ach, laß doch, Du brauchst Dich nicht zu schämen, guck Dir
doch Bettina an, die hat auch null Textil an. Ist doch wie ein
Paradies hier, keine Vorschriften, kein Boss, keine Polizei, kein
Ordnungsamt. Ist doch super, so ohne Klamotten 'rumzulaufen.

Miriam:

Ich möchte aber nicht, daß die anderen, besonders Bettina, Dich
so sehn' ... .

Tilmann:

Seit wann bist Du denn so prüde. Ich denke, wir gehören zur love
and peace - generation. Wir sind doch frei und lieben uns alle ... .

- Er rangelt mit Miriam, bis beide ins Wasser stürzen und dort
spielerisch herumtummeln. -

Tilmann:

Ach, ich liebe Dich so ... , mehr als Du ahnst.

Miriam:

Du kannst mich gar nicht mehr lieben als ich Dich liebe, das
ist ganz und gar unmöglich.

Tilmann:

Doch, doch, doch, ich liebe Dich noch viel mehr ... .

- Sie küssen sich und liebkosen sich heftig. Liebschütz und
Bettina beobachten die Szene, plötzlich ... -

Liebschütz:

So ein Gefühl habe ich noch nie erlebt ... .

Bettina (*seufzend*):

Ich auch nicht ... .

- Sie blicken sich sehr intensiv an. Liebschütz streichelt sanft über Bettinas Haar, plötzlich liegen sie sich in den Armen und küssen sich leidenschaftlich. -

Liebschütz:

Ach, wie gut, daß es Dich gibt ... .

Bettina:

... und Dich ... ich hab' es gleich gespürt ... .

Liebschütz:

Ich war vom ersten Moment in Dich vernarrt, Du geliebte ... .

Bettina:

Was machen wir nur mit unserer Liebe ... .

Liebschütz:

Wir pflegen sie eine Ewigkeit lang ... .

Bettina:

Ich will jetzt nur noch Dir gehören ... .

Liebschütz:

Du sollst niemandem gehören als nur Dir allein, aber ich bin

so dankbar für jede Berührung, für jeden Kuß, für die Zeit

mit Dir ... .

- Inzwischen steigen Miriam und Tilmann aus dem Wasser. -

Miriam:

Es war herrlich. So läßt es sich leben und so liebe, interessante
Leute hier.

Tilmann:

Yes, lady. Dies ist echt das Paradies. Komm', zieh' Deine nassen
Klamotten aus ... .

Miriam:

Nein, das möchte ich nicht. Wegen der anderen, ich mag mich nicht
ganz auszuziehen.

Tilmann:

Dann geh' doch da hinter die Büsche. Ich komm' gleich nach. Zieh
mich nur kurz an.

*- Bettina und Liebschütz haben den beiden die ganze Zeit
zugesehen. Während Tilmann gerade seine Klamotten
zusammenträgt, erscheint durch den Torbogen **Erwin Müller**.
Er ist sehr korrekt gekleidet, in Anzug und Krawatte. -*

Müller:

Sie da ... !

- *Tilmann fühlt sich angesprochen.* -

Tilmann:

Ja, bitte !

Müller:

Jawoll, genau Sie meine ich. Wieso haben Sie nicht einen Fetzen
Kleidung auf dem Leib (*erblickt Bettina*) ... und Sie da, Sie sind
ja auch ganz nackt. Was ist denn hier los, bin ich in einem Irrenhaus
gelandet ... ?

- ***Bettina*** *springt auf und stemmt die Arme in die Seiten.* -

Bettina:

Sagen Sie mal, was geht denn Sie das an, wie wir hier herumlaufen ? Ihr Aussehen find ich auch ziemlich daneben. Oder
finden' se das das Gelbe vom Ei, Ihr Scheißanzug und noch
'ne Krawatte. Ich kotz gleich ... .

Müller (*konsterniert*):

Wenn man so im Glaskasten sitzt wie Sie, sollte man lieber
schweigen. Ich gehe hier jedenfalls korrekt gekleidet herum und zeige
nicht jedem in schamverletzender Weise meinen Körper. Übrigens
besonders ansehenswert finde ich Euch beide auch nicht. Nackte
Leiber sind einfach ekelhaft. Da lob ich mir schon meine gutbürgerliche
Kleidung.

Liebschütz:

Laß Dich nicht provozieren, Bettina. Ich finde Dich einfach
wunderbar. Eigentlich wollte ich Dir schon meinen heißgeliebten
Kittel anbieten, um Deine Schönheit ein wenig einzupacken, aber
jetzt, nach dieser Attacke, bitte ich Dich innig, bleib bloß so ... !

Bettina:

Worauf Du einen lassen kannst. Von so 'nem Arsch laß ich mich doch
nicht anmachen.

Müller:

Ich verbitte mir ganz entschieden diese Beleidigung. Ich stelle schließlich
etwas da im Leben, habe es durch meine Akkuratesse und meinen Fleiß
zum Oberamtsrat gebracht, da brauch' ich mir von so einer wie Ihnen
nicht so kommen zu lassen. Ziehen Sie sich nun an oder soll ich die
Polizei rufen ... ?

*- **Tilmann** hat sich inzwischen vollständig angezogen. -*

Tilmann:

Bettina, leih' Dir doch Liebschütz' Kittel aus, dann gibt der Knacker
Ruhe ... !

Bettina:

Ich denk' gar nicht daran. Ich bin lange darüber hinweg, Gedanken
anderer Menschen für mich für maßgeblich zu halten, versteh'ste
... ! So 'ne Pissnelke wie den verfrühstücke ich doch mal eben
nebenbei.

Müller:

Ich sehe, Sie nehmen keine Vernunft an. Ich werde also die Ordnungsmacht einschalten. ... .

Liebschütz (*fast für sich*):

Die Ordnungsmacht, daß ich nicht lache. Wenn der wüßte ... .

- Müller schreitet rasch in der Richtung davon, wo irgendwo **Miriam** *ihre nassen Kleider trocknet. Diese stürzt plötzlich nackt aus den Büschen und schreit fast hysterisch. -*

Miriam:

Dieser ekelhafte Spanner ... , und ich dachte, hier wäre alles so friedlich ... .

- **Tilmann** *nimmt sie in den Arm. -*

Tilmann:

Dieser Mensch ist gerade eben hier aufgetaucht und spielt sich auf wie der Oberpapst, ein echtes Ekel, weißt Du.

- **Eben** *hat inzwischen wieder die Augen geöffnet und blickt verwundert auf die versammelte Schar. -*

Eben:

Wir haben ja reichlich Zuwachs erhalten. Wie haben Sie sich denn hierherverirrt ? Ich dachte, Karl, es ist mathematisch sehr unwahrscheinlich, hierher zu gelangen ?

Liebschütz:

In der Tat kann ich nur staunen über die große Population, zu der
wir herangewachsen sind ... .

- Auftritt Bernhard Mennerich,

ein sehr alter Mann. Er ist eine Sassafranier, d. h. er kommt aus
einer Welt, wo die Zeit andersherum läuft: Man kommt als Greis
zur Welt, indem eine Trauergemeinde einen aus dem Grab heraus-
holt, und „stirbt“, indem man als Säugling in den Schoß einer
Frau „kriecht“. Daß Mennerich alt aussieht, bedeutet also, daß er
noch sehr jung ist. Konsequenterweise müßte Mennerich rückwärts
gehen und rückwärts sprechen, aber der Autor läßt ihn aus
künstlerischer Freiheit sich ganz normal vorwärts bewegen und
reden.
Mennerich *geht am Stock und sehr langsam. Er hat offensichtlich Mühe,*
sich auf den Beinen zu halten. Mit sichtbarer Erleichterung sieht er die
Parkbänke, steuert darauf zu, setzt sich schwer atmend. -

Mennerich:

Ist die Jugend eine Qual ... !

Tilmann:

Jugend ist wohl stark geschmeichelt ... !

Mennerich (*kann offenbar schlecht hören*):

Was haben Sie gesagt ? Ich höre schlecht. Bitte sprechen Sie lauter .... !

Tilmann (*lauter*):

Ich sagte bloß, daß Sie wohl stark übertreiben, wenn Sie von Jugend sprechen.

Mennerich:

Ich verstehe Sie nicht, man hat mich doch erst vor 14 Tagen aus dem Grab geholt.

Miriam:

Wieso aus dem Grab? Sind Sie ein Scheintoter ?

- Sie errötet, weil sie merkt, daß sie immer noch nackt ist, stürzt sich ins Gebüsch, um ihre Kleidung einzusammeln, ohne Mennerichs Antwort abzuwarten. -

Mennerich:

Ich verstehe nicht, was hier geredet wird. Es ist doch wohl erkennbar, daß ich erst vor kurzem zur Welt gekommen bin.

Tilmann, Eben (*wie aus einem Mund*):

Sind wir denn hier in einer verkehrten Welt, wo auf nichts mehr Verlaß ist ... ?

Mennerich (*mühsam*):

> Genau, ihr seid ja wohl aus einer verkehrten Welt, tanzt schon am Rande
> des Todes oder der Lallphase und tut so gescheit, als würde euch die Welt
> gehören. Ach, ihr plärrende Narren ... !

Eben (*tritt nah an Mennerich heran*):

> Woher kommen Sie denn eigentlich? Vielleicht sind Sie ja irgendeiner
> Anstalt enlaufen? Das würde viel erklären ... .

Mennerich (*einigermaßen energisch - wie eben ein sehr*
*   alter Mann energisch sein kann*):

> Ich verbitte mir Ihre plumpe Art, mich anzureden, Sie Todgeweihter.
> Selbstverständlich komme ich aus Sassafranien, wie Sie ja wohl auch ... .

Eben, Tilmann (*gleichzeitig*):

> ... aus ... aus ... Sassawas?

Mennerich:

> Wollen Sie mich verkohlen: aus Sassafranien?

Eben:

> Nie in meinem Leben hörte ich von einem Land dieses Namens. Wo
> soll denn dieses geheimnisvolle Land liegen, bitte schön?

Mennerich (*weist mit ausgestrecktem Arm einen Kreis*):

Dies alles hier ist doch meine Heimat, verstehen Sie denn nicht ?

Liebschütz (*mischt sich ein*):

Entschuldigen Sie, mit diesem Park hat es eine besondere Bewandtnis, von der ich Ihnen später berichten will. Es ist aber für mich offensichtlich, daß Sie hier einiges ganz absonderlich finden und wir anderen hier finden offenbar sonderbar, was Sie reden. Also ein Vorschlag zur Güte: Erzählen Sie uns doch einfach von Ihrem Leben und von Ihrem Land ... .

- Alle nähern sich Mennerichs Bank und hören interessiert zu. -

Mennerich:

Ich verstehe nicht, warum ausgerechnet, was ich sagen kann, für Sie alle interessant sein soll, da Sie doch alle erkennbar länger auf der Welt sind als ich. Das verstehe und verstehe ich nicht ... , aber egal ... . Ich bin vor ca. 3 Wochen zur Welt gekommen ... .

Allgemeines Geraune von folgender Art:

... vor 3 Wochen, ... der tickt ja wohl nicht richtig, ... was sind das nur für absurde Geschichten, ... soll ich mir den Quatsch wirklich anhören, ... usw.

(*dem Regisseur/der Regisseurin wird an dieser Stelle schon noch mehr Geraune einfallen*)

Liebschütz (*vernehmlich*):

Nun laßt doch den Mann ausreden ... also ... vor 3 Wochen sind Sie zur Welt gekommen ... wie geht dieses Zurweltkommen vor sich ... .

Mennerich (*sichtlich irritiert*):

> Jetzt scherzen Sie aber ... . Muß ich Ihnen wirklich die elementarsten
> Dinge erklären, haben Sie verstandesmäßig schon soweit abgebaut, daß
> Sie plötzlich nicht mehr wissen, was Sie schon sooft selbst erfahren
> haben und was tagtäglich tausendemal geschieht. Was ist hier los, ich
> verstehe das nicht !

Liebschütz:

> Entschuldigung, ich versuchte Ihnen bereits zu erklären, daß unsere
> gegenseitigen Selbstverständlichkeiten offensichtlich sehr unterschiedlich
> sind. Wundern Sie sich bitte nicht über meine aus Ihrer Sicht vielleicht
> törichten Fragen. Am Schluß wird sich sicher aufklären, wo der Quell
> unserer Mißverständnisse liegt. Also, lieber Mann, bitte berichten Sie
> uns möglichst präzis den Akt des Zurweltkommens. Ich bitte Sie sehr ... !

Mennerich (*besinnt sich*):

> Na gut, ich lasse mich auf dieses mühselige Spiel ein, auch wenn ich es
> nicht verstehe. ... also ... alles fängt mit einem Zustand tiefer
> Bewußtlosigkeit an ... wissen Sie, diesen Zustand als Schlaf zu
> bezeichnen, wie es manche unserer Philosophen tun, ist sicher nicht ganz
> korrekt. Dieser Zustand der Bewußtlosigkeit, der am Anfang meines
> Lebens stand, ist ein völliges Dunkel, traumlos und ichlos. Ich kann gar
> nicht genau angeben, wann er plötzlich endete. Irgendwann jedoch war
> mein Ich plötzlich da, ich öffnete die Augen und empfand einen
> brennenden, furchtbaren Schmerz in meinem Brustkorb, der aber nach
> einiger Zeit nachließ. Ich befand mich in einem frischbezogenen
> Krankenhausbett, liebe Menschen, die mir bekannt vorkamen, standen
> um mein Bett herum, die meisten hatten Tränen der Rührung in den Augen
> und küßten mich und umarmten mich. Die Phase, die ich selbst nicht
> bewußt mitbekommen hatte, begann, als man den Kasten, in dem ich
> wohl schon seit langem gelegen hatte, aus einem Erdgrab geholt hatte ... .

Eben (*sichtlich wütend*):

> Halt, halt, halt! Glauben Sie wirklich, daß ich Ihnen diesen ungeheueren
> Unfug abnehme ? Wollen Sie uns für dumm verkaufen ?

Liebschütz:

> Nun mal ganz ruhig, lieber Wilfried, ich meine, ich habe Dir genug
> über diese Welt erzählt, als daß Du wissen müßtest, daß dieser Mann
> hier (*Er zeigt auf Mennerich.*) die Wahrheit sagen kann, ja, ich bin
> sicher, er redet die Wahrheit !

Bettina (*fast verzückt*):

> Dann wissen wir ja jetzt, was nach unserem Tode geschieht ... . Wir
> werden eine Weile völlig bewußtlos in irgendwelchen Gruften liegen
> ... und dann ... , dann geht das gleiche Leben noch mal los ... . Diesmal
> von rückwärts ... ist doch voll geil ... die „Wiederkehr des Ewiggleichen"
> ... ist doch Spitze, Leute !

Liebschütz (*blickt Bettina verliebt an*):

> Sag' bloß, Du hast Nietzsche gelesen ? Liest man den bei Euch denn
> überhaupt noch ? Der wurde ja schon zu meiner Zeit gar nicht mehr
> gelesen. Ich dachte eh, daß es nach mir nur noch Aliteraten geben würde
> ... ; oder darf ich Hoffnung haben, daß die Leser doch nicht aussterben ... ?

Bettina:

> Also, so eine wie ich, die Lesen noch echt cool findet, ist natürlich echt
> rotelistenmäßig. Das hast Du voll gecheckt, Karl. Aber es gibt doch noch `n
> kleines Völkchen von Lesern; und wir halten auch echt gut zusammen, ver-
> stehste ? Und den ollen Nietzsche, den kenn' ich tatsächlich so einiger-
> maßen ... .
>
> *- Karl und Bettina umarmen sich innig. -*

Eben:

Sagen Sie, alter, äh ... , junger Mann, wie heißen Sie eigentlich ?
Ich bin Wilfried Eben.

Mennerich:

Ich heiße von Anbeginn Bernhard Mennerich.

Tilmann:

Was soll denn heißen: von Anbeginn ?

Mennerich:

Ist doch klar: Wie jemand heißt, steht doch auf dem Grabstein. Seltsam
ist nur, wer die aufgestellt hat ... . Das müssen unsere Urahnen gewesen
sein. Aber auch die, die sie außerhalb von Gräbern zur Welt bringen,
wissen bald nach dem Eintreten ihres Bewußtseins ihren Namen. Diese
Dinge sind schon sehr seltsam. Viele Gräber gibt es ja nun nicht mehr,
bald sind alle leer und wir Sassafranier werden aussterben ... .

Tilmann:

Also, das finde ich jetzt total interessant. Wieso sterbt ihr aus ?

Mennerich:

Ach, Ihnen muß man ja wohl noch das Einmaleins erklären. Sie wissen doch, daß wir am Ende unseres Lebens so stark schrumpfen, immer kleiner und kleiner werden, erst das Lesen und Schreiben, dann sogar das Sprechen vergessen, schließlich sagar unseren Namen. Eine gräßliche Zeit ... ! Ich denke mit Grauen an solch ein Ende. Aber aus Gnade öffnet dann eine geliebte Frau ihren Schoß und nimmt uns unter Schmerzen in ihren Leib auf in einem Akt der Gnade. Es dauert offenbar eine längere Zeit. Man spricht von 9 Monaten, bis so ein kleiner Volltrottel, der wir am Ende unseres Lebens sind, ganz verschwunden ist. Aber es ist gut, von so einem gnädigen Ende einer dann 'ent-ich'ten' Existenz zu wissen. Doch nun laßt mich in Ruhe. Ich fühle mich sehr erschöpft ... .

- Auftritt Petra Hellberg.
Sie ist sehr übertrieben modisch gekleidet, leicht sexy, sehr stark geschminkt. Sie ist erkennbar betrunken. Alle stieren sie an. -

Hellberg (*lallend*):

Was starrt ihr mich so an, Ihr blödes Pack ? Ja, ich hab' einen über'n Durst getrunken. Was ist schon dabei ... .

Liebschütz:

Langsam wird es mir hier zu gemischt. Meine schöne kleine Welt verwandelt sich zunehmends zu einem Ort, den ich gar nicht mehr so komfortabel finde. Doch wo ist der Ausstieg, wo die Rettung ?

Bettina:

Ach, Karl, so schön das Zusammensein mit Dir hier auch ist, wenn ich
Dich richtig verstanden habe, kann es für unsere Liebe hier niemals eine
körperliche Erfüllung geben. Wär doch geil, wenn wir uns ficken könnten
mit allem, was dazu gehört ... .

- Sie rückt ganz nah an Liebschütz heran. Sie berühren
sich zunächst sehr geziert, dann immer leidenschaftlicher.
Inzwischen stürzt Müller wieder herbei. -

Müller:

Ach, ich kann ja sehen, wie gut. Aber was war nur mit mir ?
Als ich dort entlanglief, immer geradeaus, erblindete ich plötzlich,
nichts mehr habe ich gesehen.

- Liebschütz und Bettina lassen voneinander. -

Liebschütz:

Sie sind an die Zone der Unbestimmtheit geraten, die sozusagen noch
nicht durch Bewußtsein definiert und konstruiert ist. Mir selbst reicht
diese kleine Parkwelt wie sie ist, aber Leuten wie Ihnen sind hier sehr
enge Grenzen gezogen. Wenn Sie es nicht aushalten. Dort ist der
Ausgang (*zeigt auf den Torbogen*) . Die Frage ist nur, ob Ihre Meriten
auch dort drüben anerkannt werden. Ich fürchte, das wird schwer für Sie
Beamtenseele, Sie erbärmliche.

- Alle lachen. -

Müller:

Ich lasse mich nicht so behandeln. Seit ich in diese furchtbare Gesellschaft geraten bin, gelte ich plötzlich nichts mehr. Alle verachten mich oder machen sich über mich lustig. Dabei stelle ich etwas da im Leben, habe immer viel Anerkennung und Achtung vorgefunden. Warum gewähren Sie hier nicht die Ehrerbietung, die mir zukommt?

Bettina:

... , die Ihnen zukommt. Sie mieser, kleiner Beamtenfuzzi. Was bildest Du Dir ein. Ehrerbietung, was is'n das überhaupt für 'ne olle Klamotte ... ?

Müller:

Sehen Sie, schon wieder werde ich beleidigt. Ich laß mir das nicht mehr gefallen ... .

Tilmann (*äfft ihn nach*):

Ich laß mir das nicht mehr gefallen, ich laß mir das nicht mehr gefallen. Ach, bist Du ein armes Würstchen. Da, wo das Beamtersein aufhört, hört wohl auch Deine Existenz auf ... .

Müller:

Ich habe nie aufgehört, Beamter zu sein und werde es auch bleiben bis zum Tod.

Eben:

Also, wenn Sie sterben wollen, dann geht's bitte sehr hier hinaus (*weist auf den Torbogen*) .... .

Müller:

Wieso sterben ? Ich will gar nicht sterben.

Liebschütz:

Dann sind Sie hier ja eigentlich ganz richtig. Aber Beamte gibt's hier
eben glücklicherweise auch nicht.

Hellberg (*mischt sich ein*):

Was wird hier denn eigentlich geredet ? Wo bin ich hier denn nur hingeraten?
Kann mir das einer erklären ?

Tilmann (*sieht sie verächtlich an*):

Ich glaube, Dir kann im Augenblick keiner auch nur irgendwas erklären.
Nüchtere mal erst aus !

Liebschütz:

Das geht leider nicht !

Tilmann:

Was geht nicht ?

Liebschütz:

Das mit dem Ausnüchtern. Das geht leider nicht, weil hier jeder
Bewußtseinszustand perpetuiert wird. Dieses bemitleidenswerte
Dämchen wird leider , sofern sie hier bleibt, für immer besoffen
bleiben. Na, dann Prost Mahlzeit !

Hellberg:

Ach, ihr redet ja alle Hühnerkacke. Ich will hier nicht bleiben, hau jetzt ab. !

- Sie torkelt auf den Torbogen zu.
Liebschütz *ruft noch kurz* „H a l t !".
Sie blickt kurz zurück, macht dann eine wegwerfende Handbewegung
und geht durch den Torbogen ab. -

Liebschütz:

Erst wollte ich sie noch zurückhalten und sie auf die Konsequenzen
aufmerksam machen, aber, besser so. Diese Person gehört sowieso nach
dort drüben. Was soll die hier ... (*Er besinnt sich.*) ... Übrigens, Bettina,
gehören wir nicht auch nach drüben. Auf einmal möchte ich auch wieder
zurück ins Raum - Zeit - Kontinuum mit allen seinen Risiken, die das hat.
Kommst Du mit ? Nichts würde ich sehnlicher begehren.

Bettina:

Ja !

Liebschütz:

. Dann zieh' aber bitte diesen Kittel über. In der anderen Welt sollst Du
nicht so herumlaufen. Da will ich Deinen Anblick ganz für mich;
außerdem wissen wir ja gar nicht, in welche Zeit wir geraten. Unter
Umständen schlägt man Dich tot, wenn sie Dich so nackt sehen.

- Er zieht seinen Kittel aus und übergibt ihn an Bettina, die ihn anzieht. -

Bettina:

Sag' mal, Karl, warum hast Du überhaupt so einen Kittel getragen. Er
paßt doch gar nicht zu Dir. Du bist doch 'n total vergeistigter Intellektueller
mit zehn Daumen. Was willste denn mit diesem Ding beweisen ?

Liebschütz:

Ja, das ist nicht ganz einfach zu erklären. Sagen wir so: Dieser Kittel ist
meine Mimikry, sozusagen der Beleg dafür, daß ich dort drüben irgendeinen
Sinn habe. Die Arbeit von praktisch Tätigen wird doch dort ohne weiteres
gewertschätzt, aber ich ... Wo ist denn mein Sinn ... ? Ich meine, in den
Augen anderer: Wer braucht denn einen Intellektuellen ? Die hat man schon
in den 60 ern der alten Bundesrepublick nicht mehr gebraucht. Im Gegenteil,
man hat sie verfolgt, ausgegliedert und verspottet. Danach wurde es aber
immer schlimmer. Wir sind doch die Hexen des 20. Jahrhunderts, zu nichts
zu gebrauchen ... .

Bettina:

Ach, mein dummer Karl !

- *Sie schmiegen sich aneinander und gehen langsam durch den Torbogen ab.*
- *Inzwischen entwickelt sich irgendwo im Zuschauerraum Tumult. Eine nackte*
Frau, gefolgt von zwei Saaldienern, läuft laut rufend in Richtung Bühne. -

Eine nackte Frau /Christiane B. (*ruft*):

Laßt mich ! Ich will doch nur ein paar Worte sagen ! Laßt mich kurz
auf die Bühne !

- *und dergleichen mehr ...*

- ***Auftritt Christiane B.***
Sie ist Ende 30 .

Christiane B. :

Liebes Publikum, seien Sie mir nicht böse, daß ich die Vorstellung

störe ... (*Sie wird immer wieder von den Saaldienern bedrängt*)

..... . Nun laßt mich mal ausreden ! ... Also, ich hab' all meinen

Mut zusammen genommen und stehe jetzt so vor Ihnen. Ich bin

Christiane B., die Frau des Autors. Mir selbst hat er immer untersagt,

mich anderen nackt zu zeigen. Aber in seinen Stücken müssen immer

wieder Frauen nackt auftreten. Aus Solidarität mit diesen Frauen

stehe ich jetzt heute so vor Ihnen, auch, wenn ich mich schäme.

- Ganz überraschend geht der Vorhang. -

E n d e